Todos los libros de Linkgua Ediciones cuentan con modelos de Inteligencia Artificial entrenados por hispanistas. Pregúntale al chat de tu libro lo que desees acerca de la obra o su autor/a.

Para ebooks: Accede a nuestro modelo de IA a través de este enlace.

Para libros impresos: Escanea el código QR de la portada con tu dispositivo móvil.

Obtén análisis detallados de nuestros libros, resúmenes, respuestas a tus preguntas y accede a nuestras ediciones críticas generativas para una experiencia de lectura más enriquecedora.
La transparencia y el respeto hacia la autoría de las fuentes utilizadas son distintivos básicos de nuestro proyecto. Por ello, las respuestas ofrecen, mediante un sistema de citas, las fuentes con las que han sido elaboradas.

Gaspar Melchor de Jovellanos

El delincuente honrado

Barcelona 2024
Linkgua-ediciones.com

Créditos

Título original: El delincuente honrado.

e-mail: info@linkgua.com

Diseño de cubierta: Michel Mallard.

ISBN rústica ilustrada: 978-84-9897-263-4.
ISBN tapa dura: 978-84-1126-026-8.
ISBN rústica: 978-84-96290-32-7.
ISBN ebook: 978-84-9897-052-4.

Sumario

Brevísima presentación

La vida

Gaspar Melchor de Jovellanos (Gijón, Asturias, 1744-Vega, Asturias, 1811).

España.

Nació en una familia de la nobleza empobrecida, estudió leyes en Oviedo, Ávila y Alcalá de Henares. Fue nombrado alcalde del crimen (1767) y oidor (1774) en Sevilla y perteneció al círculo de intelectuales presidido por el gobernador Pedro de Olavide, con quien colaboró en diversos proyectos reformistas. Dominaba el inglés, el francés y el italiano.

En 1778 vivió en Madrid al ser nombrado alcalde de casa y corte, y fue uno de los máximos representantes de la Ilustración durante el reinado de Carlos III. Participó en numerosas iniciativas de reforma política, cultural y económica, y escribió informes sobre cuestiones jurídicas, pedagógicas y económicas a fin de analizar las causas de la decadencia de España. Tras la muerte del monarca fue desterrado a Gijón, donde fundó el Instituto Asturiano de Náutica (1793) y aplicó sus innovadoras ideas educativas.

En 1797 fue a Madrid nombrado por Godoy ministro de gracia y justicia. Su programa reformista chocó con numerosos obstáculos y en 1800 fue desterrado de nuevo, esta vez al castillo de Bellver, en Mallorca.

En 1809 presentó su Plan general de instrucción pública, que pretendía unir los estudios prácticos y las humanidades para crear una cultura que estimulara el progreso.

La reforma

Este es un drama burgués, de los pocos que tuvieron éxito en España, sobre la injusticia de las leyes que condenaban por igual al retador y al retado en los duelos de honor. Jovellanos apoya aquí la reforma del código penal y la prohición de los duelos.

El delincuente honrado (1773), fue un símbolo de identidad entre las clases sociales interesadas en una renovación burguesa de las leyes y las costumbres. Fue considerada, incluso, «literatura comprometida».

El delincuente honrado

Personajes

Don Anselmo, amigo de don Torcuato
Don Claudio, escribano, oficial de la sala
Don Juan, mayordomo de don Simón
Don Justo de Lara, alcalde de casa y corte
Don Simón de Escobedo, corregidor de Segovia y padre de doña Laura, viuda del marqués de Montilla y esposa actual de don Torcuato Ramírez, hijo natural, desconocido, de don Justo
Eugenia, criada de doña Laura
Felipe, criado de don Torcuato
Un alcalde, dos centinelas, tropa y ministros de Justicia

Acto I

La escena se supone en el Alcázar de Segovia.

El teatro representa el estudio del Corregidor, adornado sin ostentación. A un lado se verán dos estantes con algunos librotes viejos, todos en gran folio y encuadernados en pergamino. Al otro habrá un gran bufete, y sobre él varios libros, procesos y papeles. Torcuato, sentado, acaba de cerrar un pliego, le guarda, y se levanta con semblante inquieto.

Escena I

Torcuato — No hay remedio; ya es preciso tomar algún partido. Las diligencias que se practican son muy vivas, y mi delito se va a descubrir. ¡Ay, Laura! ¿Qué dirás cuando sepas que he sido el matador de tu primer esposo? ¿Podrás tú perdonarme...? Pero mi amigo tarda, y yo no puedo sosegar un momento. (Vuelve a sentarse, toma un libro, empieza a leer, y le deja al punto.). Este ministro que ha venido al seguimiento de la causa es tan activo... ¡Ah!, ¿dónde hallaré un asilo contra el rigor de las leyes...? Mi amor y mi delito me seguirán a todas partes... Pero Felipe viene.

Escena II

Torcuato, Felipe.

Felipe — Señor...

Torcuato — Pues ¿y don Anselmo?

Felipe — Viene al instante. ¡Oh, qué trabajo me costó despertarle! Cuando entré en su cuarto estaba dormido como un tronco; pero le hablé tan recio, metí tanta bulla y di tales tirones de la ropa de su cama, que hubo de volver de su profundo letargo, y me dijo que venía corriendo. Ya yo me volvía muy satisfecho de su respuesta, cuando veo que, dando una vuelta al otro lado, se echó a roncar como un prior; con que me quité de ruidos, y con grandísimo tiento le fui poco a poco incorporando; le arrimé las calcetas, ayudele a vestirse, y gracias a Dios, le dejo ya con los huesos en punta.

Torcuato — Muy bien. ¿Y has sabido si tendremos carruaje?

Felipe — ¿Carruaje? Cuantos pidáis. Mientras la corte está en San Ildefonso, no hay cosa más de sobra en Segovia; pero, como yo no sabía dónde era nuestro viaje, no me atreví a ajustar alguno. Si vamos a

Madrid, tendremos retornos a docenas. El coche que trajo el alcalde de corte aún no se ha ido y se podrá ajustar barato. ¡Ah, señor! (me acuerdo ahora por el alcalde de corte), ¿no sabéis lo que hay de nuevo...? (Torcuato nada le responde.) Acaban de traer a la cárcel a Juanillo, el criado del Marqués. (Torcuato se inmuta.) ¡Pobrete! Ahora tendrá que confesar de plano, si no quiere cantar en el ansia. Dicen que sabe cuanto pasó en el desafío de su amo. Pardiez, él será muy tonto en no desembuchar cuanto ha visto.

Torcuato (Aparte.) Ya el riesgo es más urgente... Felipe.

Felipe Señor...

Torcuato Haz que mis vestidos se pongan en los baúles; a Eugenia que te entregue toda mi ropa blanca; y date prisa, porque nuestro viaje es pronto, y durará algunos días.

Felipe Aquí hay algún misterio. (Anda por el cuarto, poniendo en orden los muebles, y recogiendo alguna ropa de su amo que habrá sobre ellos.)

Torcuato Aún no parece Anselmo... (Sacando el reloj.) Las siete y cuarto. ¡Qué tardo pasa el tiempo sobre la vida de un desdichado!

Felipe (Sin dejar su ocupación.) ¡Tan recién casado hacer un viaje...! ¡Él está tan triste...! ¿Qué diablos tendrá?

Torcuato Acaso juzgará intempestiva mi resolución. ¡Ah!, no sabe toda la aflicción de mi alma.

Felipe (Mirando a su amo.) ¡Tiene un genio tan reservado...!

Torcuato Ya parece que viene.

Felipe No quiero interrumpirlos.

Torcuato Cuidado con lo que te tengo prevenido. Si alguien me buscare, que no estoy en casa, y si don Simón preguntase por mí, que estoy escribiendo.

Escena III

Anselmo, Torcuato.

Anselmo A fe, amigo mío, que me has hecho bien mala obra. ¡Dejar la cama a las siete de la mañana...! Hombre, no lo haría ni por una duquesa; mas tu recado fue tan ejecutivo... (Después de alguna pausa.) Pero, Torcuato, tú estás triste... Tus ojos... Vaya, ¿apostemos a que has llorado?

Torcuato — En mi dolor apenas he tenido ese pequeño desahogo.

Anselmo — ¿Desahogo? ¿Las lágrimas...? No lo entiendo. Pues qué, ¿un hombre como tú no se correría...?

Torcuato — Si las lágrimas son efecto de la sensibilidad del corazón, ¡desdichado de aquel que no es capaz de derramarlas!

Anselmo — Como quiera que sea, yo no te comprendo, Torcuato. Tus ojos están hinchados, tu semblante triste, y de algunos días a esta parte noto que has perdido tu natural alegría. ¿Qué es esto? Cuando debieras... Hombre, vamos claros; ¿quieres que te diga lo que he pensado? Tú acabas de casarte con Laura, y por más que la quieras, tener una mujer para toda la vida, sufrir a un suegro viejo e impertinente, empezar a sentir la falta de la dulce libertad y el peso de las obligaciones del matrimonio, son sin duda para un joven graves motivos de tristeza; y ve aquí a lo que atribuyo la tuya. Pero, si esta es la causa, tú no tienes disculpa, amigo mío, porque te la has buscado por tu mano. Por otra parte,

Laura es virtuosa, es linda, tiene un genio dócil y amable, te quiere mucho; y tú, que has sido siempre derretido, creo que no le vas en zaga. (Viendo que no le responde.) Sobre todo, Torcuato, tú no debes afligirte por frioleras; goza con sosiego de las dulzuras del matrimonio; que ya llegará el día en que cada cual tome su partido.

Torcuato ¡Ay, Anselmo! Esas dulzuras, que pudieran hacerme tan dichoso, se van a cambiar en pena y desconsuelo; yo las voy a perder para siempre.

Anselmo ¿A perderlas? Pues ¿qué...? ¡Ah! (Dándose una palmada en la frente.) Ahora me acuerdo que tu criado me dijo no sé qué de un viaje... Pero yo estaba tan dormido...

Torcuato Tú eres mi amigo, Anselmo, y voy a darte ahora la última prueba de mi confianza.

Anselmo Pues sea sin preámbulos, porque los aborrezco. ¿Puedo servirte en algo? Mi caudal, mis fuerzas, mi vida, todo es tuyo; di lo que quieres, y si es preciso...

Torcuato Ya sabes que fui autor de la muerte del marqués de Montilla, y que este funesto secreto, que hoy llena mi vida de amargura, se conserva entre los dos.

Anselmo — Es verdad; pero en cuanto al secreto no hay que recelar. Tú sabes también cuánto hice con Juanillo, el criado del Marqués, para alejar toda sospecha; pues aunque solo tenía algunos antecedentes del desafío, yo le gratifiqué, le traspuse a Madrid, donde nadie le conoce, y mi amigo el marqués de la Fuente está encargado de observar sus pasos. No; lejos de pensar en ti ese bribón, tal vez creerá... Pero no hablemos de eso, porque no es posible...

Torcuato — ¡Ay, Anselmo, cuánto te engañas! Ese criado está ya en las cárceles de Segovia.

Anselmo — ¿Cómo? ¿Juanillo...? Pero ¿el marqués no me avisaría...?

Torcuato — Tal vez no lo sabe, porque todo se ha hecho con el mayor secreto. Desde que de orden del rey vino a continuar la causa el alcalde don Justo de Lara, es infinito lo que se ha adelantado. Aún no ha seis días que está en Segovia, y quizá sabe ya todos los lances que precedieron al desafío. Él tomó por sí mismo informes y noticias, examinó testigos, practicó diligencias, y procediendo siempre con actividad y sin estrépito, logró descubrir el paradero de Juanillo, despachó posta a Madrid, y le hizo conducir arrestado.

Antes de su arribo vivíamos sin susto. El alcalde mayor, que previno esta causa, se afanó mucho al principio por descubrir el agresor; pero solo pudo tomar algunas señas por aquellos soldados que nos vieron reñir; y contentándose con despachar las requisitorias de estilo, cesó en la continuación del sumario y le dejó dormir. Pero la corte, que cuando el desafío estaba, como ahora, en San Ildefonso, esperaba con ansia las resultas de este negocio. Las recientes pragmáticas de duelos, las instancias de los parientes del muerto, y la cercanía de esta ciudad al Sitio, interesaron al Gobierno en él, y de aquí resultó la comisión de este ministro, cuya actividad... ¿Quién sabe si a la hora de ésta mi nombre...? Ya ves, Anselmo, que en tal conflicto no me queda otro recurso que la fuga. Estoy determinado a emprenderla; pero no he querido hacerlo sin avisarte.

Anselmo — Cuanto me dices me deja sorprendido. Estaba yo tan descuidado en este punto... Pero Juanillo ignora absolutamente que tú fueses el matador de su amo... ¿Y quién sabe si esta ausencia precipitada hará sospechar...? Por otra parte, la fuga es un recurso tan arriesgado..., tan poco honroso...

Torcuato ¿Y piensas tú que cuando recurro a ella lo hago por evitar el castigo? ¡Ah!, en el conflicto en que me hallo, la muerte fuera dulce a mis ojos. Pero si se descubre mi delito, ¿cómo sufriré la presencia de don Simón, mi bienhechor, a quien ofendí tanto; la de Laura, a quien hice verter tan tiernas lágrimas sobre el sepulcro de su esposo, y a quien después hice el atroz agravio de ocultarle mi delito? ¡Ah!, yo llené sus corazones de luto y desconsuelo, yo desterré de esta casa el gusto y la alegría, y yo, en fin, turbé la paz de una familia virtuosa, que sin mi delito, gozaría aún del sosiego más puro. Este remordimiento llenará mi alma de eterna amargura. Sí, amigo mío, lejos de Laura y de su padre, buscaré en mi destierro el castigo de que soy digno, y al fin me hallará la muerte donde nadie sea testigo de mi perfidia y mis engaños.

Anselmo ¡Ay, Torcuato!, el dolor te enajena y te hace delirar. ¿Qué quiere decir «mi delito, mi perfidia, mis engaños»? ¿Acaso lo que has hecho merece esos nombres? Es verdad que has muerto al marqués de Montilla; pero lo hiciste insultado, provocado y precisado a defender tu honor. Él era un temerario, un hombre sin seso. Entregado a todos los vicios, y siempre enredado con tahúres y mujercillas, después de haber disipado el caudal de su esposa, pretendió asaltar el de su suegro y hacerte cómplice en este delito. Tú resististe sus propuestas, procuraste apartarle de tan viles intentos, y no pudiendo conseguirlo, avisaste a su suegro para que viviese con precaución; pero sin descubrirle a él. Esta fue la única causa de su enojo. No contento con haberte insultado y ultrajado atrozmente, te desafió varias veces. En vano quisiste satisfacerle y templarle; su temeraria importunidad te obligó a contestar. No, Torcuato, tú no eres reo de su muerte; su genio violento le condujo a ella. Yo mismo vi que mientras el marqués, como un león furioso, buscaba tu corazón con la punta de su espada, tú, reportado y sereno, pensabas solo en defenderte; y sin duda no hubiera perecido, si su ciego furor no le hubiese precipitado sobre la tuya. En cuanto a tu silencio, ¿no me has dicho que don Simón, prendado de tu juiciosa conducta, movido de su antigua amistad con tu tía, doña Flora Ramírez, y cierto de tu inclinación a Laura, te la ofreció en matrimonio? ¿Hiciste otra cosa que aceptar esta oferta? Y qué, después de lo que debes a esta familia, ¿pudieras despreciarla sin agraviar al amor, al reconocimiento y a la hospitalidad? No, amigo mío, no; tú tomarás el partido que te acomode, pero tu interior debe estar tranquilo.

Torcuato (Con viveza.) ¿Tranquilo después de haber engañado a Laura? ¡Ah!, su corazón no merecía tal perfidia. Yo le entregué una mano manchada en la sangre de su primer esposo, le ofrecí una alma sellada con el sello de la iniquidad y le consagré una vida envilecida con el reato de este crimen, que me hace deudor de un escarmiento a la sociedad y siervo de la ley. ¡Qué de agravios contra el amor y la virtud de una desdichada! No, Anselmo, yo no podré sufrir su vista; no hay remedio, voy a ausentarme de ella para siempre.

Anselmo Amigo mío, yo no puedo aprobar un partido tan peligroso; pero si tú estás resuelto a marchar, yo debo estarlo a servirte. ¿Quieres que te siga? ¿Que vayamos juntos hasta los desiertos de Siberia? ¿Quieres...?

Torcuato No, Anselmo; conviene que te quedes. Yo necesito aquí de un fiel amigo, que me envíe noticias de mi esposa, y se las dé de mi destino. No porque piense en ocultar a Laura mi resolución, no; este nuevo engaño me haría indigno de su memoria y de la luz del día. Aunque haya de serle amarga la noticia de mi separación, quiero que la deba a mi franqueza y fidelidad, y remediar de algún modo mis antiguas reservas.

Anselmo — Pues bien, ¿y cuándo piensas...?

Torcuato — Después de comer. He pretextado un viaje de pocos días a Madrid para deslumbrar a mi suegro, y aún no le dije cosa alguna. En cuanto a mis intereses y negocios, este pliego te dirá lo que debes hacer. Contiene una instrucción puntual conforme a mis intenciones, y un poder general de que podrás valerte cuando llegare el caso. Sobre todo, querido amigo, te recomiendo a Laura. En ella te dejo mi corazón; procura consolarla... ¡Ah! ¿cómo podrá consolarse su alma desdichada?

Anselmo — (Enternecido.) Mi buen amigo, lejos de ti, también yo habré menester de consuelo, y no le hallaré en parte alguna. ¡Cuánto me duele tu amarga situación! ¡Qué amigo, qué consolador, qué compañero voy a perder con tu ausencia! Pero te has empeñado en afligirnos... En fin, cuenta con mi amistad y con el puntual desempeño de tus encargos. ¡Ah, si fuese capaz de mejorar tu suerte!

Torcuato — (Abatido.) El cielo me ha condenado a vivir en la adversidad. ¡Qué desdichado nací! Incierto de los autores de mi vida, he andado siempre sin patria ni hogar propio, y cuando acababa de labrarme una fortuna, que me hacía cumplidamente dichoso, quiere mi mala estrella... Pero, Anselmo, no demos ocasión en la familia... Felipe vuelve... Aún nos veremos antes de mi partida.

Anselmo — Sí, tengo que volver a cumplimentar a ese ministro; entonces hablaremos. Adiós.

Escena IV

Torcuato, Felipe.

Torcuato — (Con serenidad.) ¿Han preguntado por mí?

Felipe — El señor don Simón, y con algún cuidado. Dijo que iba a misa, y que volvía al instante. También preguntó mi ama; díjela que estabais con vuestro amigo.

Torcuato — (Inquieto.) ¿Cómo? Pues ¿no te previne...?

Felipe — Vos no me prevenisteis que callase.

Torcuato — (Con serenidad.) Anda a ver si hay algún retorno de Madrid, y ajústale para después de mediodía. ¿Entiendes?

Felipe — Muy bien, señor. ¡Qué mal humor tiene!

Escena V

Simón, Torcuato.

Simón ¿Qué es eso de retorno? ¿Qué viaje es ése, Torcuato? Tú traes a Felipe alborotado con tu viaje, y no me has dicho cosa alguna. Tampoco Laura...

Torcuato Perdonad si no he solicitado antes vuestro permiso. ¡Andáis tan ocupado con el huésped! Cuando me vestí aún dormía Laura, y por no incomodarla... Ya sabéis que por muerte de mi tía quedaron en Madrid aquellos veinte mil pesos... Yo quisiera pasar a recogerlos.

Simón Me parece muy bien. ¡Pero me haces tanta falta para acompañar a este ministro...! Él gusta tanto de tu conversación...

Torcuato En todo caso estoy pronto a complaceros; si os parece...

Simón No, hijo mío; haz tu viaje y procura volver cuanto antes. Laura sin ti no vivirá contenta, ni yo puedo pasar sin tu ayuda, porque las ocupaciones son muchas, y el trabajo excesivo me aflige demasiado. ¡Ah!, en otro tiempo... Pero ya soy muy viejo... A propósito, ¿qué te parece de este don Justo?

Torcuato — Jamás traté ministro alguno que reúna en sí las cualidades de buen juez en tan alto grado. ¡Qué rectitud! ¡Qué talento! ¡Qué humanidad!

Simón — Pero, hombre, es tan blando, tan filósofo... Yo quisiera a los ministros más duros, más enteros. Me acuerdo que le conocí en Salamanca de colegial, y a fe que entonces era bien enamorado. Pero, hijo mío, ¡si tú hubieras alcanzado a los ministros de mi tiempo...! ¡Oh, aquéllos sí que eran hombres en forma! ¡Qué teoricones! Cada uno era un Digesto vivo. ¿Y su entereza? Vaya, no se puede ponderar. Entonces se ahorcaban hombres a docenas.

Torcuato — Habría más delitos.

Simón — ¿Más delitos que ahora? Pues, ¿no ves que estamos rodeados de ladrones y asesinos?

Torcuato — Según eso, habría menos conocimiento de las leyes.

Simón — ¿De las leyes? ¡Bueno! Ahí están los comentarios que escribieron sobre ellas; míralos, y verás si las conocieron. Hombre hubo que sobre una ley de dos renglones escribió un tomo en folio. Pero hoy se piensa de otro modo. Todo se reduce a libritos en octavo, y no contentos con hacernos comer y vestir como la gente de extranjía, quieren también que estudiemos y sepamos a la francesa. ¿No ves que solo se trata de planes, métodos, ideas nuevas...? ¡Así anda ello! ¿Querrás creerme que hablando la otra noche don Justo de la muerte de mi yerno, se dejó decir que nuestra legislación sobre los duelos necesitaba de reforma, y que era una cosa muy cruel castigar con la misma pena al que admite un desafío que al que le provoca? ¡Mira tú que disparate tan garrafal! ¡Como si no fuese igual la culpa de ambos! Que lea, que lea los autores, y verá si encuentra en alguno tal opinión.

Torcuato — No por eso dejará de ser acertada. Los más de nuestros autores se han copiado unos a otros, y apenas hay dos que hayan trabajado seriamente en descubrir el espíritu de nuestras leyes. ¡Oh!, en esa parte lo mismo pienso yo que el señor don Justo.

Simón — Pero, hombre...

Torcuato — En los desafíos, señor, el que provoca es, por lo común, el más temerario y el que tiene menos disculpa. Si está injuriado, ¿por qué no se queja a la justicia? Los tribunales le oirán, y satisfarán su agravio, según las leyes. Si no lo está, su provocación es un insulto insufrible; pero el desafiado...

Simón — Que se queje también a la justicia.

Torcuato — ¿Y quedará su honor bien puesto? El honor, señor, es un bien que todos debemos conservar; pero es un bien que no está en nuestra mano, sino en la estimación de los demás. La opinión pública le da y le quita. ¿Sabéis que quien no admite un desafío es al instante tenido por cobarde? Si es un hombre ilustre, un caballero, un militar, ¿de qué le servirá acudir a la justicia? La nota que le impuso la opinión pública, ¿podrá borrarla una sentencia? Yo bien sé que el honor es una quimera, pero sé también que sin él no puede subsistir una monarquía; que es alma de la sociedad; que distingue las condiciones y las clases; que es principio de mil virtudes políticas, y, en fin, que la legislación, lejos de combatirle, debe fomentarle y protegerle.

Simón — ¡Bueno, muy bueno! Discursos a la moda y opinioncitas de ayer acá; déjalos correr, y que se maten los hombres como pulgas.

Torcuato — La buena legislación debe atender a todo, sin perder de vista el bien universal. Si la idea que se tiene del honor no parece justa, al legislador toca rectificarla. Después de conseguido se podrá castigar al temerario que confunda el honor con la bravura. Pero mientras duren las falsas ideas, es cosa muy terrible castigar con la muerte una acción que se tiene por honrada.

Simón — Según eso, al retado que mata a su enemigo se le darán las gracias, ¿no es verdad?

Torcuato — Si fue injustamente provocado; si procuró evitar el desafío por medios honrados y prudentes; si solo cedió a los ímpetus de un agresor temerario y a la necesidad de conservar su reputación, que se le absuelva. Con eso, nadie buscará la satisfacción de sus injurias en el campo, sino en los tribunales; habrá menos desafíos o ninguno; y cuando los haya, no reñirán entre sí la razón y la ley, ni vacilará el ánimo del juez sobre la suerte de un desdichado... Pero, señor, Laura estará impaciente... Si os parece...

Simón — Sí, sí, vamos allá. (Se va y vuelve.) ¡Ah!, ¿sabes que han preso a Juanillo? No, ¡don Justo adelanta terriblemente en la causa! Tanto como eso, es menester confesarlo: él es activo como un diablo. (Yéndose.) Sí, como un diablo... ¡Fuego!

Escena VI

Torcuato

(Paseándose.) En fin, voy a alejarme para siempre de esta mansión, que ha sido en algún tiempo teatro de mis dichas y fiel testigo de mis tiernos amores. ¡Con cuánto dolor me separo de los objetos que la habitan! Errante y fugitivo, tus lágrimas, ¡oh, Laura!, estarán siempre presentes a mis ojos, y tus justas querellas resonarán en mis oídos. ¡Alma inocente y celestial! ¡Cuánta amargura te va a costar la noticia de mi ausencia! Tú has perdido un esposo, que ni te amaba ni te merecía, y ahora vas a perder otro, que te idolatra, pero que te merece menos, pues te ha conseguido por medio de un engaño. (Después de alguna pausa.) ¿Y adónde iré a esconder mi vida desdichada...? Sin patria, sin familia, prófugo y desconocido sobre la tierra, ¿dónde hallaré refugio contra la adversidad? ¡Ah!, la imagen de mi esposa ofendida y los remordimientos de mi conciencia me afligirán en todas partes.

Acto II

El teatro representa una sala decentemente adornada. A un lado estará Laura, haciendo labor; a alguna distancia Torcuato, con aire triste y extremamente inquieto; Eugenia en pie detrás de la silla de su ama, y Simón se pasea por el frente de la escena.

Escena I

Simón, Torcuato, Laura, Eugenia.

Simón	Y bien, Torcuato, ¿piensas estar en Madrid muchos días?
Torcuato	El asunto de que os hablé pudiera despacharse en pocas horas; pero las gentes de comercio son tan prolijas y gastan tantas formalidades...
Simón	¡Oh!, eso de soltar dinero a nadie le gusta.
Laura	(A Eugenia.) ¿Están ya compuestos los baúles?
Eugenia	Sí, señora; ya están cerrados, y Felipe ha recogido las llaves.
Laura	¿Qué ropa blanca has puesto en ellos?
Eugenia	Toda la de mi señor.

Laura (Con alguna admiración.) ¿Toda?

Eugenia Felipe me lo dijo.

Torcuato Sí, yo se lo previne. Aunque deseo que mi vuelta sea breve, ¿qué sabemos lo que podrá suceder?

Laura ¡Yo estoy sin sosiego! Este viaje tan repentino... Su tristeza... Las expresiones que me dijo anoche... ¡Todo me inquieta!

Torcuato (Mirándola.) ¡Qué afligida está Laura! ¡Ah, si supiera la noticia que le preparo!

Simón (Siempre paseándose.) Este don Justo toma las cosas con un calor... Desde las siete de la mañana está zampado en la cárcel. Quizá tendrá órdenes tan estrechas... ¡Oh!, la corte quiere que se hagan las cosas a galope tendido. (Mirando a Laura y Torcuato.) Pero mis hijos están tristes... ¿Si será por el viaje? ¡Eh!, mimos de recién casados.

Torcuato (Con inquietud.) Si este hombre no se va, yo no podré decírselo.

Simón Laura, ¿qué es eso? Tú estás triste. También lo está Torcuato. ¡Qué!, ¿un viajecillo de pocos días puede turbar vuestro buen humor?

Torcuato — Para dos corazones que se aman, la menor ausencia, señor, es un mal grave. Como cuentan sus gustos por momentos, cualquier tiempo, cualquiera distancia que los separe, los aflige.

Laura — (Con énfasis.) Añadid al que se queda la incertidumbre, y veréis cuánto es más justo su dolor.

Simón — ¡Bueno! ¡Lindo! No lo dijeran mejor dos amantes de Calderón. Ea, niña, no te vayas haciendo melindrosa. Que tu marido vaya y venga a sus negocios cuando le acomode, que harto tiempo os queda para vivir juntos.

Torcuato — (Aparte.) ¡Pluguiera al cielo!

Simón — (A Laura.) Mira si quieres que te traiga algo de Madrid, y díselo.

Laura — (Mirando a Torcuato con ternura.) Solo quiero que vuelva pronto.

Torcuato — ¡Ah, cómo podré dejarla!

Escena II

Juan, los dichos.

Juan — (A Simón.) Señor, el ministro Garroso dice que os quiere hablar; ha hecho no sé qué prisiones...

Simón (Siempre paseándose.) Algunos raterillos, ¿eh?

Juan Dice que son gitanos.

Simón Eso es peor. Dile que voy allá... Pero mira, que antes avise a mi alcalde mayor, y que luego vuelva. ¡Gitanos...! ¡Fuego!

Juan (Se va y vuelve.) ¡Ah, señor...! También ha estado ahí aquel don Vicente...

Simón ¡Litigante eterno! ¿Y qué le has dicho?

Juan Que estabais ocupado.

Simón Lindamente. Él solo viene a quitarme el tiempo, como si yo no tuviese que hacer más que atender a su pleito.

(Juan se va.)

Torcuato (Aparte.) ¡Infeliz! Acaso penderá de ese pleito la subsistencia de su familia.

Escena III

Felipe, los dichos.

Felipe (A Torcuato.) Ya está ahí el carruaje, señor.

Laura ¡Tan temprano! Aún no hemos comido.

Simón Tanto peor para ellos. Que se aguarden.

Torcuato (A Felipe.) Haz que entretanto se vayan poniendo los cofres en la zaga. (Se va Felipe.)

Escena IV

Juan, los dichos.

Juan El señor don Justo envía a decir que, si acaso no está aquí al mediodía, no se le aguarde a comer.

Simón Pardiez, que lo ha tomado bien de asiento. Voyme a trabajar a mi despacho; si acaso viniere, que me avisen, y si tardare demasiado, que nos den de comer.

Laura (A Eugenia.) Ve, tú, Eugenia, a disponer lo que te tengo prevenido, y haz que den de comer a Felipe, para que no haga falta a su amo.

Escena V

Torcuato, Laura.

Laura (Mirando a Torcuato.) Al fin nos han dejado solos; veamos lo que dice. (Torcuato la mira, levanta los ojos al cielo y suspira.) ¡Qué afligido está! No me atrevo a preguntarle... Pero es preciso salir de tantas dudas. (Con serenidad.) Torcuato, este viaje que vas a hacer te tiene muy inquieto: yo lo conozco en tu semblante, y no sé cómo una ausencia de tan pocos días, y que, por otra parte, es voluntaria, te pueda costar tanto desasosiego.

Torcuato — (Se levanta, mirando a todas partes.) ¡Ah! ¿cómo se lo diré?

Laura — (Asustada.) Pero, ¿qué es esto, Torcuato? ¿Tú suspiras? ¿Nada me respondes? (Levantándose.) Querido esposo...

Torcuato — (Con pasión.) ¡Ay, Laura!

Laura — (Con blandura.) Querido amigo, ¿qué es esto? ¿Tú desconfías de tu esposa? ¿Puede haber en tu pecho alguna pena de que Laura no participe? ¡Ah!, yo he perdido tu confianza... Sí, tú me aborreces.

Torcuato — ¿Yo aborrecerte? ¡Oh, Dios! No, tierna esposa, no; jamás mi corazón te ha querido con más ardor ni con mayor ternura.

Laura — (Con inquietud.) Pues bien, ¿qué es lo que te aflige?

Torcuato — (Con extremo dolor.) El temor de perderte.

Laura — (Con sobresalto.) ¿De perderme?

Torcuato — (Como arriba.) Sí, Laura mía, y de perderte para siempre.

Laura — (Asustada.) ¡Oh, Dios! ¿Qué oigo?

Torcuato — Mi corazón, querida esposa, no siente sus tormentos. Es muy digno de los que sufren y de los que le aguardan. Pero la aflicción que te preparo... ¡Ah esto, esto es lo que me tiene sin sentido!

Laura — (Con resolución.) Ahora bien, Torcuato; el cielo por rumbos muy extraños me ha conducido hasta tu lecho. Mil veces me has oído que vivo contenta en este destino, y que en él he encontrado mi felicidad. Desde que un santo nudo unió nuestros corazones, nuestros gustos y nuestras penas deben ser comunes, y si yo fuese capaz de ocultarte alguno de mis cuidados, creería faltar a la fidelidad que te debo. Háblame claro, descúbreme tu alma, y líbrame de las angustias en que me tiene tu silencio.

Torcuato — Sí, Laura mía; voy a satisfacer ese justo deseo. Tu virtud y tu candor lo merecen, y ¡ojalá mi corazón les hubiese hecho en otro tiempo tanta justicia como ahora! Pero ya no hay remedio... Prevén el tuyo para el terrible golpe que va a descargar en él este bárbaro esposo... ¡Ah, cuánto dolor me cuesta el afligirte!

Laura — (Sobresaltada.) Mi alma se estremece al escucharte.

Torcuato — Ya ves con cuánto ardor se busca al matador de tu primer marido, y cuántas y cuán vivas diligencias se practican por descubrirle. El brazo de la justicia está levantado contra su vida miserable. El Soberano ha empeñado su augusto nombre en esta pesquisa, tu padre y los parientes del muerto están sedientos de su sangre, y tal vez tú misma ofreces el deseo de su muerte a la tierna memoria de tu primer amor. Pues este delincuente, este hombre proscrito, desdichado, aborrecido de todos y perseguido en todas partes... soy yo mismo.

Laura — (Cae sobre su silla.) ¡Oh, cielo!

Torcuato — Sí, adorada Laura; yo soy ese objeto miserable de la ira del cielo y de los hombres; y sin embargo, viviría tranquilo si no mereciese serlo también de la tuya... Pero yo te he ofendido, y lo conozco. Ocultándote mi situación, hice a tu alma inocente el más atroz agravio, y esto solo me hace digno de los mayores suplicios. No; la muerte de tu esposo fue de mi parte un delito involuntario. El cielo es testigo de cuanto hice por evitarla. Pero mi silencio... mi perfidia... haberte engañado... ¡Ah! En vano querrá perdonarme tu alma virtuosa; yo no puedo perdonarme a mí mismo.

Laura (Con sumo abatimiento.) Mujer desventurada, ¡qué es lo que acabas de saber!

Torcuato (Con despecho.) Pero, Laura, consuélate; yo voy a vengarte. No; mi perfidia atroz no quedará sin castigo. Voy a huir de ti para siempre, y a esconder mi vida detestable en los horribles climas donde no llega la luz del Sol, y donde reinan siempre el horror y la oscuridad. Y no creas que voy huyendo de la muerte. ¿Qué hay en ella de horrible para los desdichados? ¡Ah!, lejos de tu vista, el dolor de haberte ofendido será para mi alma un suplicio más duro y más terrible que la muerte misma.

Laura (Como arriba.) Buen Dios, ¿por qué delito castigas a esta desdichada?

Torcuato ¡Triste esposa! Yo soy el único autor de tus desdichas... Soy un monstruo, que está envenenando tu corazón y llenándole de amargura. ¡Ah! ¡mi silencio...! A lo menos, si después de perderla conservase su estimación...

Escena VI

Felipe, los dichos.

Felipe (Asustado.) Señor, señor...

Torcuato ¿Qué? ¿Qué quieres?

Felipe Acaban de traer preso al señor don Anselmo a una de las torres de este alcázar. Yo estaba sobre el foso disponiendo las zagas, y le vi entrar. También me vio su merced, y me dijo al paso: «Corre, Felipe; corre, dile a tu amo lo que pasa; que vaya sin cuidado; que no se detenga, y que me escriba desde Madrid».

Torcuato (Con notable admiración y susto.) ¡Oh, Dios, qué golpe tan terrible!

Felipe Dicen los que le trajeron que es quien mató al señor marqués, y que Juanillo lo ha declarado.

Torcuato Bien está; vete. (Se va Felipe.)

Escena VII

Torcuato, Laura.

Torcuato	(Resolviéndose, después de una gran pausa.) No, yo no sufriré que padezca un momento por mi causa. Él está inocente, y voy a socorrerle.
Laura	(Deteniéndole.) ¡A socorrerle! ¿Y podrás hacerlo sin exponer tu vida?
Torcuato	Pero, Laura, ¿cómo he de sufrir que padezca mi amigo por mi culpa? ¿Le veré arrestado, deshonrado y tenido por delincuente, sin correr a ayudarle, siendo el único autor de su calamidad? No, no; voy a delatarme, a librar su preciosa vida y a morir, pues solo soy digno de este infortunio.
Laura	¿Y las lágrimas de tu esposa, hombre cruel, no podrán reprimir tus ímpetus violentos? ¿Quieres exponer mi triste vida a nuevos desconsuelos? Sosiégate, desdichado, y ten compasión de esta infeliz. Don Anselmo está inocente; el cielo velará sobre su vida, y nos dará medios de conservársela. Salva ahora la tuya, pues nos importa tanto. Huye, huye al instante de este funesto clima,

donde te persigue el infortunio, y deja a nuestro cuidado la libertad de tu amigo.

Torcuato — No, querida Laura; no puedo obedecerte. Las cosas han tomado otro semblante, y ya no puedo separarme de aquí sin hacer traición al más honrado y digno amigo. Anselmo está preso por mi causa. Conozco su corazón; es incapaz de descubrirme, y antes correrá mil veces a la muerte, que contribuya a la desgracia de un amigo. Yo no expondré temerariamente mi vida, no, Laura mía; tú me la haces amable; pero tampoco puedo abandonarle. Voy a enterarme de todo, a poner en salvo su vida y su reputación, y en fin, si no pudiere conseguirlo, a tomar el partido que me dicten el honor y la amistad.

Escena VIII

Laura — (Sentada y muy afligida.) Yo no sé dónde estoy... El cielo sin duda se complace en llenar mi corazón de susto y desconsuelo... ¡Desventurada! Aún no ha dos horas que gozaba de la dicha más pura, y ahora, rodeada de aflicciones, me veo expuesta a perder lo que idolatro. ¡Cruel esposo! Tu silencio... ¿Era indigno mi corazón de tu confianza? ¡Ah, si conocieras la ternura con que te ama...! Pero yo soy injusta;

tú me amabas también; temías perderme y un exceso de amor te hizo conmigo delincuente... ¿Y sufriré que tu vida en tan urgente riesgo...? (Levantándose.) No; corro a defenderte... (Deteniéndose.) ¿Y a quién acudiré con mis lágrimas...? Mi padre... ¡Ah!, ¿podrá sufrir mi padre que interceda por el matador de mi esposo? (Con resolución.) Pero este mismo, ¿no es mi esposo también? Sí; ya reconozco mi primera obligación. (Viendo a su padre.) Padre...

Escena IX

Simón, Laura.

Simón — (Desde la puerta.) ¡Vaya, vaya, que la hemos hecho buena! Laura, ¿no sabes lo que pasa? ¡Jesús! ¡Jesús! Estoy aturdido. El amigote de tu marido está en la torre, y dicen es quien mató al marqués. ¿Quién lo creyera? ¡Sobre que no se puede fiar de los hombres! Pero a fe que no le arriendo la ganancia. Ya, ya el amigo don Justo le dirá cuántas son cinco. Que vaya, que vaya ahora a defenderle tu marido con sus filosofías. Qué, ¿no hay más que andarse matando los hombres por frioleras, y luego disculparlos con opiniones galanas? Todos estos modernos gritan: la razón, la humanidad, la naturaleza.

Bueno andará el mundo cuando se haga caso de esas cosas. Pero don Justo...

Escena X

Justo, el Escribano, los dichos.

Justo — (Al Escribano, en el fondo.) Don Claudio, váyase a descansar un rato, y vuelva después de las dos.

Escribano — Señor, las doce han dado ya.

Justo — Y bien, ¿no le bastan dos horas para comer y reposar? Ponga esos papeles sobre mi bufete, y vuelva a la hora que le digo. (El Escribano pasa con los papeles a un cuarto interior, y vuelve a salir por la misma pieza.)

Simón — (Viéndole pasar.) ¡Eh! Yo apuesto a que no va contento. Este bribón querrá trabajar poco, y que la comisión dure mucho... Sí, a mí con esas.

Escena XI

Justo, Simón, Laura.

Justo — (Acercándose.) ¡Quién podrá reposar tranquilo mientras los infelices maldicen su descanso!

Simón — Vaya, señor don Justo, que esta mañana se ha trabajado mucho.

Justo — Sí, amigo; pero se ha adelantado poco.

Simón — ¡Poco! Pues ¿no habéis atrapado dos reos, que se escaparon a la penetración de mi alcalde mayor?

Justo — Cierto es; pero, si no me engaño, aún estamos muy lejos de la verdad. (A Laura.) Señora, ¿por qué estáis tan triste? ¿Qué...?

Simón — No hagáis caso de niñerías. Su marido se va a Madrid por una o dos semanas, y ved ahí lo que la tiene sin consuelo.

Escena XII

Torcuato, Felipe, los dichos.

Felipe — (A su amo, en el fondo.) Conque, ¿les digo que se vayan?

Torcuato — Sí; págales el día, pues ya no los necesito.

Felipe — Jamás le vi tan impertinente. (Se va Felipe.)

Simón — Pues qué, Torcuato, ¿ya no te vas?

Torcuato — No, señor; no puedo desamparar a mi amigo.

Justo — Si yo fuese delicado, señor don Torcuato, atribuiría esta ausencia a la incomodidad de mi hospedaje; pero tengo de vos mejor opinión.

Torcuato — Señor, las personas de vuestro mérito, lejos de incomodar, hacen dichoso a cualquiera que las obsequia. Un negocio doméstico me obligaba a pasar a Madrid; pero vos me habéis detenido, arrestando a un amigo, a quien no puedo desamparar.

Justo — Siempre me es apreciable vuestra compañía; pero no quisiera lograrla a tanta costa. La suerte de don Anselmo me compadece mucho, y la amistad con que le honráis no es lo que menos me interesa en su favor.

Torcuato — Nunca tendréis que arrepentiros de haberle honrado con vuestra compasión, pues además de sus buenas cualidades, tiene, para merecerla, la de ser inocente. (Al oír esto se inmuta Laura.)

Justo — Así lo espero. Su semblante, su compostura y la serenidad que manifiesta, no son compatibles con una conciencia delincuente. Pero él se ha obstinado en callar cuanto sabe sobre el desafío y muerte del marqués, y esto no se lo perdonarán las leyes.

Simón ¡Oh! Cuando lo sabe y no lo dice, algo será ello. Señor don Justo, no hay que juzgar a los hombres por sus semblantes; reos he visto yo que parecían unos santos, y eran peores que Barrabás.

Torcuato No es Anselmo de ese número, ni es tan fácil a los perversos ocultar la iniquidad de su corazón. En fin, soy su amigo, y debo hacer por él cuanto me permitan el honor y la justicia.

Justo (Aparte.) ¡Qué juicio, qué compostura! No he visto mozo más cabal.

Escena XIII

Juan, los dichos.

Juan (En el fondo.) Señores, la sopa está en la mesa.

Simón ¡Santa palabra! Vamos, vamos a comerla antes que se enfríe, que lo demás lo descubrirá el tiempo.

Escena XIV

Torcuato (Muy pensativo y paseando.) En fin, ya no hay recurso... Ya no puedo salvar a mi amigo sin exponer mi propia vida. ¡Anselmo tiene contra sí tantas sospechas...! Si se obstina en callar, sufrirá todo el rigor de la ley... Y tal vez la tortura... (Horrorizado.) ¡La tortura...! ¡Oh nombre odioso! ¡Nombre funesto...! ¿Es posible que en un siglo en que se respeta la humanidad y en que la filosofía derrama su luz por todas partes, se escuchen aun entre nosotros los gritos de la inocencia oprimida...? Pero ¿sufriré yo que por mi causa...? No; el honor me sujeta a la dureza de las leyes, y yo sería digno de ella si le expusiese por evitarla. Perdona, triste Laura, tú, cuyas virtudes eran dignas de suerte más dichosa; perdona a este infeliz el sacrificio que va a hacer de una vida que es tuya, en las aras del honor y de la amistad.

Acto III

El teatro representa lo mismo que en el acto primero.

Escena I

Justo, Simón, Torcuato.

Justo — Sí, señor don Torcuato; quien sabe de los autores de un delito, debe esta triste noticia a la causa pública y a la seguridad de los demás. Las leyes no pueden castigar los delitos si antes no los prueban. ¿Y cómo los probarán si miran con indiferencia la ocultación de la verdad? Así que don Anselmo podrá estar inocente en cuanto al desafío; pero él contesta haber gratificado al criado del marqués, enviádole a Madrid y mantenídole a su costa hasta el día; y esto supone que tiene noticia de la ejecución, y aun del autor del delito. Os aseguro que esto mismo excita mi compasión hacia él, pues conozco que por un efecto de generosidad labra su propia ruina por evitar la de algún otro.

Simón — Allá se las avenga; si no quiere pernear, que cante de plano. Tú, hijo mío, ya has abogado bastante en su favor; deja ahora que el señor don Justo haga su oficio, pues sabe lo que se hace.

Torcuato (A Simón.) También sé yo lo que me toca hacer por un amigo de cuya inocencia estoy seguro. (A Justo.) ¿Y habrá algún inconveniente en que yo le hable?

Justo No os lo permitirán sin orden mía; pero os la daré, y no habrá embarazo. (Justo se acerca a la mesa, escribe un papel, le entrega a Torcuato, y éste se retira. Justo, viendo ir a Torcuato.) ¡Cuánto me compadece! La suerte de su amigo le tiene inconsolable. ¡Qué corazón tan honrado!

Escena II

Justo, Simón.

Justo (Paseándose.) Mucho me agradan, señor don Simón, el juicio y los talentos de este mozo. La señora Laura será muy dichosa en su compañía.

Simón ¡Oh! Ella está loca de contento. Es verdad que salió de un marido tan malo... El marqués era un calaverón de cuatro suelas. ¡Qué malos ratos dio a la muchacha, y qué pesadumbres a mí! A los ocho días de casado ya no hacía caso de ella, y a los dos meses no tenía de la dote ni dos cuartos. Ahí nos engañaron con que sus parientes eran grandes señores en la corte, y nos hicieron creer... ¡Eh!, palabrones de cortesanos, que se llevó el viento. ¡Oh! Torcuato, Torcuato es otra cosa. ¡Qué mujer era su tía! Yo la conocí mucho en Salamanca. A su muerte le dejó una corta herencia, porque siempre le quiso como si fuera su hijo; y aun hubo malas lenguas... Pero era muy virtuosa; Dios la tenga en descanso. En fin, las locuras del marqués me dejaron harto de señoritos; con que, por no tropezar con otro, viendo que Laura quedaba viuda y niña, y que Torcuato la tenía inclinación, se la ofrecí, sin esperar que él la pidiese, y hoy viven ambos dichosos y contentos.

Justo — ¿Y no pensáis en darle algún destino?

Simón — ¿Destino? No, señor; soy ya muy viejo; mañana o esotro me moriré, les dejaré cuanto tengo y con ello podrán vivir sin quebraderos de cabeza. ¿Destino? ¡Buena es esa! Los hombres de empleo no sosiegan un instante. ¡Yo no sé cómo pretenden los que tienen con qué pasar! Y luego, ¡se premia tan mal...!

Justo — Señor don Simón, para el hombre honrado la satisfacción de servir bien es el mejor premio.

Simón — ¿Y os parece que la alcanzan los que sirven mejor? No, por cierto. Hasta el crédito y la buena fama se reparte sin ton ni son. ¡Ah, señor!, vos no conocéis todavía el mundo. Antiguamente era otra cosa; pero hoy se juzga solo por apariencias. Todo consiste en un poco de maña y de ingeniatura. Los hombres honrados por lo común son modestos; pero los pícaros sudan y se afanan por parecer honrados, con que pasa por bueno, no el que lo es en realidad, sino el que mejor sabe fingirlo.

Justo — En todo caso el hombre de bien, después de haber cumplido con sus deberes, vivirá contento y la injusticia de los que le juzguen no podrá quitarle su tranquilidad, que es el más dulce fruto de las buenas acciones.

Escena III

Escribano, los dichos.

Escribano — (A la puerta.) Señor, las dos han dado.

Justo — Bien está (A Simón.) Yo trataré de volver a buen tiempo para haceros la partida.

Simón — Señor, vos trabajáis mucho y a malas horas, cuidad más de vuestro descanso; que al cabo de la jornada sale más bien librado el que se incomoda menos.

Justo — Este hombre tiene muy buen corazón, pero muy malos principios. (El Escribano entra, y vuelve a salir con los papeles que dejó en el acto antecedente. Con él sale un criado, que entrega a Justo bastón, sombrero y espada, y se van.)

Escena IV

Simón — El hombre no sosiega. Con el bocado en la boca vuelve a su trabajo. ¡Fuego de Dios! El que cogiere debajo, no se le ha de escapar a dos tirones.

Escena V

Laura, Simón.

Laura — (Asustada.) Señor, ¿habéis visto a Torcuato?

Simón — Poco ha que salió de aquí. Pero ¿qué tienes, muchacha? ¿Por qué vienes tan asustada...? Tú has llorado... ¿eh?

Laura — ¡Ay, padre!

Simón — Pues ¿qué? ¿Qué te ha dado? ¿Has perdido el juicio? Yo no os entiendo. Desde que tu marido resolvió su viaje, andas tan alborotada y tan triste, que no te conozco; y el otro, desde que prendieron a su amigote, anda también fuera de sí. Antes mucha prisa por irse, y ahora ya parece que no se va... Aquí estuvo charlando una hora con don Justo sobre las cosas de don Anselmo, y al fin se fue diciendo que iba a verle.

Laura — (Más asustada.) ¿Y qué? ¿Le habéis dejado ir?

Simón — (Sereno.) ¿Dejado? ¿Por qué no?

Laura — ¡Ay, padre, yo temo una desgracia!

Simón — (Cuidadoso.) ¿Una desgracia? ¿Cómo...?

Laura — ¡Ah! No ha querido oírme... Sin duda se complace en hacerme desdichada... Tal vez a la hora de ésta...

Simón — Pero, muchacha... (Viendo a Felipe, que entra corriendo y lloroso.) ¿Otra tenemos?

Escena VI

Felipe, los dichos.

Felipe — (Sollozando.) ¡Ay, señor, qué desgracia! ¡Quién creyera lo que acaba de suceder!

Simón — Pues ¿qué...? ¿Qué hay? ¿Qué traes? ¡Jesús! Hoy todos andan locos en mi casa.

Felipe — Señor, yo estaba en este instante con los centinelas que guardan al señor don Anselmo, cuando veo a mi amo llegar a la torre con mucha prisa, diciendo que quería hablarle; y aunque los soldados trataban de estorbárselo, manifestó una orden del señor don Justo, y le dieron entrada. Al punto corre hacia su amigo, le abraza, y sin reparar en los que estaban presentes: «Anselmo, le dice, yo vengo a librarte; no es justo que por mi causa padezcas inocente». Don Anselmo, que conoció su idea, procuró contenerle para que callase, le hizo mil señas, le interrumpió mil veces, y hasta le tapó la boca; pero todo fue en vano, porque mi amo, desatinado y como fuera de sí, proseguía diciendo a voces que él había dado muerte al señor marqués. A este tiempo entra el señor don Justo, a quien mi amo repite la misma confesión, intercediendo por su amigo y asegurándole que estaba inocente. De todo tomó razón el escribano, y ya quedan examinándolos. Don Anselmo quería persuadir al juez que él solo era el reo; pero mi amo se afligió tanto e hizo tantas protestas, que le obligó a desdecirse. El señor don

Justo queda sorprendido sobremanera, su amigo confuso e inconsolable y hasta los centinelas, viendo su generosidad, lloraban como unas criaturas. No, yo no puedo vivir si pierdo a mi amo.

Laura ¡Ah, mi corazón me anunciaba esta desgracia! ¡Padre mío...!

Simón (Paseándose muy aprisa.) ¡Yo no sé dónde estoy...! ¡Qué! ¿Torcuato...? ¿Mi yerno...? No, no puede ser... Felipe, ¿estás bien seguro?

Felipe Ay, señor, ¡ojalá no lo estuviera! Por señas, que antes de apartarse de nuestra vista, me dijo: «Corre, querido Felipe; dile a mi esposa que ya está vengada; pero que si la interesa mi sosiego, me restituya su gracia y moriré contento».

Laura ¡Que le restituya mi gracia...! ¡Ah, si pudiera salvarle a costa de mi vida! ¡Desdichada de mí...! ¿A quién acudiré? ¿Quién me socorrerá en tan terrible angustia? ¡Querido padre! ¿Vos me abandonáis en este conflicto? ¿Cómo no volamos a socorrerle?

Simón No, hija mía; yo no lo creo aún, ¡Qué!, ¿tu marido? ¿Torcuato? No, no puede ser... ¿Cómo es posible que nos engañara...? (Después de una larga pausa.) Pero si es cierto, si ha sido capaz de una supercherıía tan infame... No, Laura; no lo esperes, yo no podré perdonársela; antes seré el primero que clame por su castigo... ¿Pues qué?, después de haberle hospedado y protegido, de haberle agregado a mi familia y tenídole en lugar de hijo, ¿habrá sido capaz de olvidar todos mis beneficios y de engañarme de esta suerte...? Pero, no, no puede ser... yo no lo creo... Él es allá medio filósofo, y tal vez querrá librar a su amigo por medio de una acción generosa.

Laura — No, señor; ya es tiempo de hablar con claridad; su delito es cierto; él mismo me lo ha confesado.

Simón — (Muy enojado.) ¿Él te lo ha confesado? ¿Y tuviste sufrimiento para oírlo? ¡Pícaro engañador! ¡Llenar de aflicción la familia donde estaba acogido, asesinar al que yo tenía en lugar de hijo, aspirar a la mano de su misma viuda, y lograrla por medio de un engaño...! No, Laura; él es muy digno de toda nuestra cólera, y tú misma no puedes olvidar los agravios que te ha hecho.

Laura — Padre mío, estoy muy segura de su inocencia. No, Torcuato no es merecedor de los viles títulos con que afeáis su conducta... Sobre todo, señor, él es mi esposo. Y debo protegerle; vos sois mi padre, y no podéis abandonarme... (Simón continúo paseándose, sin ceder de su enojo.) Pero si vuestro corazón resiste a mis suspiros, yo iré a lanzarlos a los pies del señor don Justo; su alma piadosa se enternecerá con mis lágrimas; le ofreceré mi vida por redimir la de mi esposo; y si no pudiese salvarle moriremos juntos, pues yo no he de sobrevivir a su desgracia.

Simón — (Más aplacado.) ¡Laura, Laura...! Yo no sé lo que me pasa; tantas cosas como han sucedido en solo un día me tienen sin cabeza... ¿Y qué? ¿Qué puedo hacer en su favor, aunque quisiera protegerle? No; su delito es de aquellos que nunca perdonan las leyes; su juez es justo y recto, y las consecuencias son muy fáciles de adivinar.

Laura — ¿Conque todos me abandonarán en esta tribulación? ¿Y vos también, padre cruel, queréis ver a vuestra hija reducida a nueva y más desamparada viudez? ¡Almas sin compasión! Las lágrimas de una desdichada... Pero no importa; yo sola correré... (Quiere irse, y se detiene viendo a Anselmo.)

Escena VII

Anselmo, los dichos.

Laura ¡Ay, don Anselmo! Ya lo sabemos todo.

Anselmo Señora, no soy capaz de explicaros cuánta es mi aflicción. ¡Generoso amigo...! ¡Con cuánto gusto hubiera dado la vida por salvarle! Pero la suya queda en el más terrible riesgo... No; yo no puedo abandonarle en esta situación; desde ahora voy a sacrificar mi caudal y mi vida por su libertad. Si fuere preciso, iré a los pies del rey... Pero, señor... (A Simón.) No perdamos tiempo; juntemos todos nuestros ruegos, nuestras lágrimas...

Laura (Con eficacia.) Sí, padre mío; él está inocente y es muy digno de vuestra protección. ¡Ah!, en su alma virtuosa no caben el dolo y la perversidad que caracterizan los delitos.

Simón Pero, señores, lo que yo no puedo comprender es por qué este hombre nos calló su situación. Al fin, si me lo hubiera dicho, yo no soy ningún roble... Pero haber callado... haberse casado...

Anselmo ¡Ay, señor! Él es muy disculpable; el amor que profesaba a Laura y el temor de perderla le alucinaron. Creedme, señor don Simón; yo era testigo de todos sus secretos. Apenas se celebraron las bodas, cuando un continuo remordimiento empezó a destrozarle el corazón, y en sus angustias lo que más le afligía era el temor de perder a Laura y de disgustar a su bienhechor.

Laura ¡Esposo desdichado! Yo no te merecía.

Simón (Enternecido.) ¡Pobrecita...! Sosiégate, hija mía, y no te abandones al dolor con tanto extremo. Sus lágrimas me enternecen... (Viendo a Justo.) ¡Ah, señor don Justo!

Escena VIII

Justo, los dichos.

Justo (En el fondo de la escena.) ¡Cuán graves y penosas son las pensiones de la magistratura!

Laura (A Justo.) ¡Ay, señor, si pudiesen las lágrimas de una desdichada...!

Justo ¡Qué terrible conflicto! Yo he traído la tribulación al seno de esta familia. (A Laura.) Señora, la virtud y generosidad de don Torcuato excitan mi compasión aún más eficazmente que vuestras lágrimas, y me hallo más interesado en favor suyo de lo que podéis imaginar. Sosegaos, pues, y confiad en la Providencia, que nunca desampara a los virtuosos.

Simón ¡Ay, señor don Justo! ¿quién nos diría que vuestro amigo y mi yerno era el delincuente que buscábamos?

Justo ¡Ah! no podré yo explicar la turbación que causó en mi alma su vista al llegar a la torre. La presencia de don Anselmo, lleno de prisiones, le tenía fuera de sí, y apenas me vio, cuando empezó a clamar por su libertad con un ardor increíble: pero no bien le miró libre, cuando volvió repentinamente a su natural compostura. Mientras duró la confesión se mantuvo tranquilo y reposado, respondió a los cargos con serenidad y con modestia; y aunque conocía que su delito no tenía defensa alguna contra el rigor de las leyes, no por eso dejó de confesarle con toda claridad. La verdad pendía de sus labios, y la inocencia brillaba en su semblante. Entretanto estaba yo tan conmovido, tan sin sosiego, que parecía haber pasado al corazón del juez toda la inquietud que debiera tener el reo. En medio de este conflicto, ciertas ideas concurrieron a alterar mi interior... ¡Qué ilusión! (A Laura.) Pero, señora; pensad en vuestro reposo, y moderad los primeros ímpetus del dolor. Señor don Simón, no la abandonéis en situación en que tanto os necesita. Su esposo me la ha recomendado con la mayor ternura, y este era el único cuidado que afligía su buen corazón.

Laura ¡Desventurada!

Anselmo ¡Ah, mi buen amigo!

Simón Sí, hija; vamos a pensar en tu alivio, y cuenta con la ternura de un padre que no es capaz de olvidarse de tu bien. (Yéndose.) ¡Este don Justo es un ángel! Otros jueces hay tan desabridos, tan secos... No he visto otro por el término.

Justo (Profundamente pensativo.) La fisonomía de don Torcuato... el tono de su voz... ¡Ah, vanas memorias...! Pero es forzoso averiguarlo.

Escena IX

Escribano, Justo.

Escribano Señor, acaba de llegar del Sitio un expreso con este pliego, y me ha pedido testimonio de la hora de su entrega.

Justo (Tomando el pliego.) Veamos. Id a despacharle.

Escena X

Justo (Solo.)

Justo (Lee.) «Enterado el rey de que las averiguaciones hechas últimamente en la causa del desafío y muerte del marqués de Montilla, en que V. S. entiende de su orden, han producido la prisión del sirviente del mismo marqués, que se hallaba prófugo en Madrid, y de que con este motivo se espera descubrir y arrestar al matador, quiere S. M. que, si así sucediese, proceda V. S. a recibir su confesión al reo; y no exponiendo en ella descargo o excepción que, legítimamente probados, le eximan de la pena de la ley, determine V. S. la causa conforme a la última pragmática de desafíos, consultando con S. M. la sentencia que diere, con remisión de los autos originales por mi mano; todo con la posible brevedad. Nuestro Señor guarde a V. S. muchos años. -San Ildefonso, etc. -Señor don Justo de Lara». (Paseándose con inquietud.) ¡Tanta prisa! ¡Tanta precipitación...! ¡Así trata la corte un negocio de esta importancia...! Pero no hay remedio; el rey lo manda, y es fuerza obedecer. Yo no sé lo que me anuncia el corazón... Este don Torcuato... Él está inocente... Un primer movimiento... un impulso de su honor ultrajado... ¡Ah, cuánto me compadece su desgracia...! Pero las leyes están decisivas. ¡Oh, leyes! ¡Oh, duras e inflexibles leyes! En vano gritan la razón y la humanidad en favor del inocente... ¿Y seré yo tan cruel, que no exponga al Soberano...? No; yo le representaré en favor de un hombre honrado, cuyo delito consiste en haberlo sido.

Acto IV

El teatro representa el interior de una torre del alcázar, que sirve de prisión a Torcuato. La escena es de noche. En esta habitación no habrá más adorno que dos o tres sillas, una mesa, y sobre ella un bujía. En el fondo habrá una puerta, que comunique al cuarto interior, donde se supone está el reo, y a esta puerta se verán dos centinelas. Justo está sentado junto a la mesa con aire triste, inquieto y pensativo, y el Escribano en pie, algo retirado.

Escena I

Justo, Escribano.

Escribano	(Acercándose.) Señor, ya está todo evacuado; a las cinco y media en punto partió el posta con los autos y la representación.
Justo	Muy bien, don Claudio; idos a mi cuarto, y esperadme en él sin separaros un instante. Si alguno me buscare para cosa urgente, avisadme; y si no lo fuere, que nadie me interrumpa. Si volviese el expreso, traedle aquí con reserva; sobre todo, un profundo silencio...
Escribano	Ya entiendo, señor. (Yéndose.) ¡Qué afligido está!

Escena II

Justo.

Justo (Después de alguna pausa.) En fin, he cumplido con mi funesto ministerio sin olvidar la humanidad. ¡Quiera el cielo que mis razones sean atendidas! Pero el Ministro no verá las lágrimas de estos infelices, ni los clamores de una familia desolada podrán penetrar hasta su oído... ¡Ve aquí por qué los poderosos son insensibles...! Sumidas en el fausto y la grandeza, ¿cómo podrán sus almas prestarse a la compasión? ¡Ah! ¡Desdichados los que se creen dichosos en medio de las miserias públicas...! Mas yo confío en la piedad del Soberano... Su ánimo benigno no puede desatender tan justas instancias. (Se levanta y pasea inquieto.) No sé de qué nace esta inquietud que me atormenta. ¿No pudiera ser que don Torcuato...? Haber nacido en Salamanca... No tener noticia de sus padres... Su edad... Su fisonomía... ¡Ah, dulce y funesta ilusión! ¡El fruto desdichado de nuestros amores pasó rápidamente de la cuna al sepulcro...! No obstante, quiero hablarle. (Llamando a los centinelas.) ¡Hola!, que venga el reo a mi presencia. (Se sienta. Los centinelas entran por la puerta del cuarto interior;

salen luego con Torcuato, que debe venir poco a poco por causa de los grillos, y le conducen hasta la presencia del Juez.)

Escena III

Justo, Torcuato.

Justo — Sí, yo le preguntaré... (Viéndole.) Su vista me quebranta el corazón. (A los centinelas.) Despejad. (A Torcuato.) Sentaos. (Los centinelas se retiran, y Torcuato se irá acercando poco a poco a una de las sillas, donde se sienta.) Sentaos, amigo mío; ya no soy vuestro juez, pues solo vengo a consolaros y daros una prueba de lo que os estimo. Vuestra honradez me tiene sorprendido, y vuestra franqueza me parece digna de la mayor admiración; pero siento que os hayan sido tan perjudiciales.

Torcuato — El honor, que fue la única causa de mi delito, es, señor, la única disculpa que pudiera alegar; pero esta excepción no la aprecian las leyes. Respeto, como debo, la autoridad pública, y no trato de eludir sus decisiones con enredos y falsedades. Cuando acepté el desafío preví estas consecuencias; por no perder el honor me expuse entonces a la muerte, y ahora por conservarle la sufriré tranquilo.

Justo — Pero ¡tanto empeño en callar las injurias con que os provocó vuestro agresor...! Tal vez su atrocidad, representada al Soberano...

Torcuato — ¡Ay, señor!, las leyes son recientes y claras, y no dejan refugio alguno al que acepta un desafío. ¿Por qué queríais que dejase perpetuados en el proceso los nombres viles...?

Justo — Pues qué, ¿acaso el marqués...?

Torcuato — Me habéis dicho que no me habláis como juez; por eso os voy a responder como amigo. Mi ofensor, señor, era uno de aquellos hombres temerarios a quienes su alto nacimiento y una perversa educación inspiran un orgullo intolerable. En nuestro disgusto me dijo mil denuestos, que yo disimulé a su temeridad. Me desafió varias veces, y yo me desentendí sin contestarle; pero al fin insistió tanto y llevó a tal extremo su provocación, que me echó en cara un defecto... El rubor no me deja repetirle. (Torcuato se cubre el rostro.)

Justo — Y bien, ¿qué os dijo? Habladme con lisura.

Torcuato — (Llorando.) ¡Ay, señor! entre mis desgracias cuento por la mayor la de no saber a quién debo la vida. Yo he sido fruto desdichado de un amor ilegítimo; y aunque este defecto estuvo siempre oculto, ciertos rumores... En fin, el marqués...

Justo (Sobresaltado y con prontitud.) Ya, ya entiendo... Y, con efecto, ¿habéis nacido en Salamanca?

Torcuato Sí, señor; allí nací, y allí tuve mi primera educación.

Justo (Siempre sobresaltado.) ¿Y a quién la debisteis?

Torcuato A una parienta de mi propia madre, que me negó siempre el dulce nombre de hijo.

Justo (Con mayor inquietud.) Pero ¿supisteis después que lo erais en efecto?

Torcuato Una criada antigua me dio las únicas noticias que tengo de mi origen. Mi madre, señor, fue una de aquellas damas desdichadas a quienes el arrepentimiento de una flaqueza empeña para siempre en el ejercicio de la virtud. Su pundonor y su recato eran extremos. No se contentó con ocultar al público su desgracia por los medios más exquisitos, sino que pensó toda su vida en remediarla. Una parienta anciana fue la única confidente de su cuidado; por medio de ésta me hizo criar en una aldea vecina a Salamanca; después me agregó a su familia con el título de sobrino, fingiendo que mis padres habían muerto en Vizcaya; y, en fin, engañó aun a su mismo amante, suponiendo mi muerte, y reservando para otro tiempo la noticia de mi existencia. Ni paró aquí su delicadeza; clamó continuamente por la vuelta de mi padre, a quien la necesidad obligara a buscar en países lejanos los medios de mantener honradamente una familia. Estaba ya cercana su vuelta, y para entonces preparado un matrimonio que debía asegurarme la noticia y la legitimidad de mi origen; pero la muerte desbarató estos proyectos. Un accidente repentino privó a mi madre de la vida, y a mí de tan dulces y legítimas esperanzas... Mas, señor, vos estáis inquieto; ¿sentís acaso alguna novedad?

Justo — (Mirándole atentamente y conturbado en extremo.) No hay duda; él es... sí; él es...

Torcuato — ¡Señor...!

Justo — (Esforzándose para mostrar serenidad.) No, amigo mío; no tengáis cuidado; y decidme: ¿nunca habéis sabido el nombre de ese padre desdichado?

Torcuato — No, señor; la única noticia que pude adquirir de él fue que había pasado con empleo a Nueva España y que debía regresar con la última flota.

Justo — ¡Oh, Dios! ¡Oh, justo Dios! Mi corazón me lo había dicho... ¡Hijo mío...!

Torcuato — (Asombrado.) ¡Qué! Señor, ¿es posible...?

Justo — (Prontamente.) Sí, hijo mío; yo soy ese padre desdichado que nunca has conocido.

Torcuato — (De rodillas, y besando la mano de su padre con gran ternura y llanto.) ¡Mi padre...! ¡Ay, padre mío!, después de haber pronunciado tan dulce nombre, ya no temo la muerte.

Justo — (Con extremo dolor y ternura.) ¡Hijo mío! ¡Hijo desventurado...! ¡En qué estado te vuelve el cielo a los brazos de tu padre!

Torcuato — (Como antes.) No, padre mío; después de haberos conocido, ya moriré contento.

Justo — (Levantándole.) El cielo castiga en este instante las flaquezas de mi liviana juventud... Pero ¿sabes, hijo infeliz, cuál es tu desgracia? ¿Sabes cuánto debe ser mi dolor en este día...? ¡Ah!, ¿por qué no suspendí una hora, siquiera una hora...? Tu desdichado padre ha vuelto de su largo destierro solo para ser causa de tu ruina... ¡Ay, Flora; por cuántos títulos me debe ser dolorosa la noticia de tu muerte!

Torcuato (Con serenidad y ternura.) Bien sé, padre mío, cuál es mi situación y cuál el funesto ministerio que debéis ejercer conmigo. Pero suponiendo mi suerte inevitable, ¿no es un favor distinguido de la Providencia que me restituya a los brazos de mi padre? Ya no moriré con el desconsuelo de ignorar el autor de mis días; vos me confortaréis en el terrible trance, vuestra virtud sostendrá mi flaqueza; y a Laura (enternecido), le quedará un digno consolador en su triste viudez.

Justo (Enternecido.) ¡Hijo infeliz! ¡Hijo digno de mejor suerte y de un padre menos desdichado! Tu virtud me encanta y tus discursos me destrozan el corazón... ¡Ah, yo pude salvarte, y te he perdido...! Solo la bondad del Soberano... Sí; su corazón es grande y benéfico, y no desatenderá mis razones.

Escena IV

Escribano, los dichos.

Escribano (A Justo, desde el fondo de la escena.) Señor, el caballero corregidor solicita entrar.

Justo (Al Escribano.) Aguardad un momento. (A Torcuato.) Hijo mío, reserva en tu corazón este secreto, porque importa a mis ideas; y si el cielo no se doliere de este padre desventurado, ocultemos a la naturaleza un ejemplo capaz de horrorizarla.

Escribano (Desde la puerta.) ¡Con qué ternura le habla! Hasta le da el nombre de hijo por consolarle. ¡Oh, qué ejemplo tan digno de imitación y de alabanza!

Justo (Al Escribano.) Que entre. (El Escribano se retira, vuelve con Simón hasta la puerta, y se va.)

Torcuato Solo me toca obedeceros.

Escena V

Simón, Justo, Torcuato.

Simón Perdonad, señor don Justo. Esta muchacha no me deja sosegar un instante; si no la detengo, ya venía despeñada a echarse a vuestros pies. Clama por su marido, y dice que no quiere separarse de su lado. También desea verle don Anselmo.

Justo ¡Ah, si supieran cuál es su suerte!

Simón (A Torcuato.) ¡Muy buena la hemos hecho, Torcuato! ¡Mira en qué estado nos has puesto!

Justo (Con gravedad.) Señor don Simón, ya no es tiempo de reconvenciones; si no os doléis de su triste situación, al menos no le aflijáis.

Torcuato (A Justo.) Pero, señor, ¿se me negará el consuelo...?

Justo (Con blandura.) ¿Para qué queréis exponeros a la angustia de ver las lágrimas de vuestra esposa y vuestro amigo? Tan tiernos objetos solo pueden serviros de mayor quebranto. Yo quiero excusárosle, amigo mío; retiraos un instante, y tratad de tranquilizar vuestro espíritu. Quizá en mejor ocasión podréis satisfacer tan justo deseo. (A los centinelas.) ¡Hola!, retiradle. (Los centinelas se van con Torcuato en la misma forma que han salido.)

Escena VI

Justo, Simón.

Simón (Viendo salir a Torcuato.) ¡Este mozo nos ha perdido! Mi casa está hecha una

Babilonia; todos lloran, todos se afligen y todos sienten su desgracia. Ve aquí, señor don Justo, las consecuencias de los desafíos. Estos muchachos quieren disculparse con el honor, sin advertir que por conservarle atropellan todas sus obligaciones. No; la ley los castiga con sobrada razón.

Justo

Otra vez hemos tocado este punto, y yo creía haberos convencido. Bien sé que el verdadero honor es el que resulta del ejercicio de la virtud y del cumplimiento de los propios deberes. El hombre justo debe sacrificar a su conservación todas las preocupaciones vulgares; pero por desgracia la solidez de esta máxima se esconde a la muchedumbre. Para un pueblo de filósofos sería buena la legislación que castigase con dureza al que admite un desafío, que entre ellos fuera un delito grande. Pero en un país donde la educación, el clima, las costumbres, el genio nacional y la misma constitución inspiran a la nobleza estos sentimientos fogosos y delicados a que se da el nombre de pundonor; en un país donde el más honrado es el menos sufrido, y el más valiente el que tiene más osadía; en un país, en fin, donde a la cordura se llama cobardía, y a la moderación falta de espíritu, ¿será justa la ley que priva de la vida a un desdichado solo porque piensa como sus iguales; una ley que solo podrán cumplir los muy virtuosos o los muy cobardes?

Simón — Pero, señor; yo creía que el mejor modo de hacer a los mozos más sufridos era agravar las penas contra los temerarios.

Justo — Cuando haya mejores ideas acerca del honor, convendrá acaso asegurarlas por ese medio; pero entre tanto las penas fuertes serán injustas y no producirán efecto alguno. Nuestra antigua legislación era en este punto menos bárbara. El genio caballeresco de los antiguos españoles hacía plausibles los duelos, y entonces la legislación los autorizaba; pero hoy pensamos, poco más o menos, como los godos, y, sin embargo, castigamos los duelos con penas capitales.

Simón — Esos discursos, señor, son demasiado profundos; yo no soy filósofo ni los entiendo, pero estoy muy mal con que los mozos...

Justo — (Con alguna aspereza.) Dejemos una contestación que debe afligirnos a entrambos, y vamos a consolar a Laura, pues tanto lo necesita.

Simón — Pero, decidme, ¿no habrá algún medio de salvar a Torcuato?

Justo | (Con seriedad.) Esa pregunta es bien extraña en quien sabe las obligaciones de un juez. El órgano de la ley no es árbitro de ella. No tengo más arbitrio que el de representar; y pues habéis oído cómo pienso, podréis inferir si lo habré hecho con eficacia.

Simón | ¡Oh! pues si habéis representado, yo confío...

Justo | No haréis bien en confiar. Las representaciones de un juez suelen valer muy poco cuando conspiran a mitigar el rigor de una ley reciente. Sin embargo, la Providencia... la piedad del Soberano...

Escena VII

Escribano, los dichos.

Escribano | Señor, acaba de llegar el expreso.

Justo | (Recibiendo el pliego.) Veamos... (Asustado.) No sé lo que me altera; el corazón no me cabe en el pecho.

Simón | ¿Qué tendrá, que tanto se ha turbado?

Justo | (Leyendo en secreto la carta, manifiesta en su semblante grande conmoción y extremo dolor, y después de haber acabado se arroja en una silla.) ¡Oh, padre sin ventura! ¡Oh, hijo desdichado!

Escribano — ¡Malo, malo! ¡Sin duda se ha confirmado la sentencia! (Se va el Escribano, y Simón, como temeroso de interrumpir a Justo, se retira al fondo de la escena, sin resolverse a desampararle.)

Simón — Yo no comprendo... Él ha perdido el color... ¡Cuál se ha puesto, Dios mío! ¿Qué traerá esta carta? (Cuanto dice Justo en el resto de la presente escena, se entiende aparte.)

Justo — Sí, sí; yo he sido el cruel que ha acelerado su desgracia... ¡Ah! Yo esperaba que mis clamores en favor de un inocente... ¡Hijo desventurado!

Simón — ¿Señor...? (Acercándose con timidez.) ¿Qué tendrá que tanto exclama?

Justo — (Sin oírle.) ¡No solo aprueban su muerte, sino que quieren también atropellarla! (Levantándose.) No; al Soberano le han engañado. ¡Ah! Si hubiera oído mis razones, ¿cómo pudiera negarse su piadoso ánimo a la defensa de un inocente?

Simón — (Desde lejos.) Señor don Justo...

Justo | (Paseando por la escena, como fuera de sí.) ¡Hijo mío! ¡Hijo desdichado! ¿Cómo he de consentir...? Iré a bañar los pies del mejor de los reyes con mis humildes lágrimas.

Simón | ¡Cuál está, Dios mío! ¡No sosiega un instante! Señor don Justo... Por vida de... Señor don Justo... Pero, ¡qué gritos...!

Escena VIII

Laura, Anselmo, los dichos.

(Laura entra corriendo en la escena y Anselmo deteniéndola.)

Anselmo | Señora, señora, deteneos.

Laura | (Mirando a todas partes.) ¡Qué! ¿Él correrá a la muerte, y yo no podré abrazarle...? Querido esposo, ¿dónde te esconden? ¿Quiénes son los crueles que nos separan?

Simón | ¡Hija mía! ¿Qué es esto...? Don Anselmo...

Anselmo | Señor, no he podido contenerla... El posta que llegó de la corte esparció la voz de que traía malas nuevas; entendiéronlo algunos de la familia, y sus lágrimas...

Laura (A Justo, de rodillas.) ¡Ay señor! ¿Así abandonáis a vuestro amigo? ¿Sufriréis que su esposa desventurada...?

Justo (Volviendo el rostro.) ¡Ve aquí lo que faltaba al complemento de mi desdicha! Señor don Simón, separad a vuestra hija de este sitio, donde nada es capaz de aliviar su dolor.

Simón Vamos, hija, vamos.

Laura (Resistiéndose.) No, yo no me separaré de aquí... ¡Qué! Después de perderle, ¿me negarán también el consuelo de morir en sus brazos? ¡Crueles! Todos son crueles con esta desdichada. (Simón lleva casi violentamente a su hija, y Anselmo pretende seguirlos, pero se detiene, avisado por Justo.)

Escena IX

Justo, Anselmo.

Justo Quedaos, don Anselmo. Los sucesos de este triste día me han hecho conocer la fina amistad que profesáis a don Torcuato. ¿Queréis dar un paso en su favor, que le pueda librar de la desdicha que le amenaza?

Anselmo ¡Pues qué!, ¿lo dudáis, señor? ¡Ah!, no es posible comprender cuánto estimo sus virtudes ni cuánto me duele su triste situación. ¡Ah!, si pudiera a costa de mi vida...

Justo A menos costa podéis serle muy útil y defender la suya. A pesar de cuantas razones expuse en su favor, la corte ha resuelto lo que oiréis ahora.

Anselmo ¡Oh, Dios!

Justo (Lee con dolor y turbación.) «He dado cuenta al rey de la causa escrita sobre el desafío que hubo en esa ciudad el día 4 de agosto del año próximo pasado, entre el marqués de Montilla y don Torcuato Ramírez, de que resultó la muerte del primero; y sin embargo de cuanto V. S. expone en su representación a favor del homicida, S. M., considerando el escándalo que ha causado este suceso en esa ciudad, este real Sitio y todo el reino, singularmente cuando estaba tan reciente la publicación de su pragmática de 28 de abril del mismo año pasado, y teniendo asimismo presente que el reo está llanamente confeso en su delito, se ha servido resolver que V. S. ponga en ejecución la sentencia de muerte y confiscación que ha dado en dicha causa, concediendo al reo solo el tiempo preciso para disponerse a morir como cristiano; y V. S. me dará cuenta de haberse ejecutado en la forma prevenida. -Nuestro Señor, etc.»

Anselmo (Lloroso.) ¡Infeliz amigo! Yo no podré sobrevivir a tu muerte.

Justo ¡Desdichado! ¡Todos se compadecen de su desgracia! Solo la corte está sorda a nuestros clamores. Pero, don Anselmo, aún no sabéis hasta dónde llega la desdicha de vuestro amigo.

Anselmo ¡Qué, señor!, ¿después de una sentencia...?

Justo Sí, amigo mío; esta bárbara sentencia ha sido dictada por su mismo padre.

Anselmo (Asombrado.) ¿Vos padre suyo? ¡Oh, Dios!

Justo (Transportado de pena.) No, yo no soy su padre; soy un monstruo, que le ha dado la vida para arrebatársela después... ¡Insensato! Yo hubiera podido... Pero no perdamos, amigo, un tiempo tan precioso. La terrible sentencia se va a notificar a Torcuato; la corte está cerca; vos sois su amigo; tenéis en ella valedores... Tal vez nuestras instancias...

Anselmo — (Yéndose con precipitación.) Basta, señor, he entendido; no me detengo ni un instante.

Justo — (Siguiéndole.) Si fuere preciso que el nombre de su padre...

Anselmo — (Desde la puerta, y sin volver el rostro.) Entiendo, entiendo.

Escena X

Justo, solo.

Justo — ¡Santo Dios, encamina sus pasos...! Ve aquí el natural y dulce fruto de la virtud: todos se complacen en protegerla, y todos corren ansiosos a sostenerla en la adversidad. Pero ¡cuán débiles son sus apoyos contra la fuerza y el poder! ¡Virtud santa y amable! Tú serás siempre respetada de las almas sencillas; mas no esperes hallar asilo entre los vanos y poderosos... ¡Cuánto ha cambiado mi suerte en solo un día! ¿Es posible que me he de hallar en la dura necesidad de derramar mi propia sangre...? ¡Hijo desventurado...! ¡La mano de tu bárbaro padre te va a ofrecer el amargo cáliz de la muerte! ¡Funesta obligación...! ¡Horrible ministerio...! Si acaso don Anselmo... ¡Ah!, ¡qué podrán sus débiles ruegos contra los de tantos importunos...

contra el respeto de las leyes... contra la preocupación del Gobierno...! ¡Ah!...

Acto V

Descúbrese a Torcuato, sentado con prisiones y con la misma ropa que debe llevar al suplicio. Justo, algo distante, se pasea con aire profundamente inquieto y abatido. El Escribano estará retirado lejos de todos, y habrá centinelas dobles. La escena es de día.

Escena I

Justo, Torcuato, el Escribano.

Justo — (Al Escribano.) Dejadnos solos por un rato, y avisad cuando sea tiempo. (Se va el Escribano. Sacando el reloj.) Ya no me queda esperanza alguna... La hora funesta está cercana, y don Anselmo no parece... ¡Oh, justo Dios! ¿negaréis este consuelo a mis ardientes lágrimas?

Torcuato — (Con voz desmayada.) En este triste y pavoroso instante la imagen de Laura ocupa únicamente mi memoria, y el eco penetrante de sus suspiros resuena en el fondo de mi alma... ¡Ay, Laura! Yo no soy digno de tan amargas lágrimas... (Mirando a su padre.) Mi padre... ¡Ah! su venerable presencia y su tristeza me destrozan el corazón... ¡Oh, muerte! Sin estos objetos tú no serías terrible a mis ojos. (Llamando a su padre.) Padre...

Justo (Sin oírle, y paseándose.) Hay que vencer tantas dificultades antes de hablar a un Soberano!

Torcuato (Con voz más animada.) Padre...

Justo (Paseándose, pero sin volver el rostro.) Las lágrimas me ahogan... No puedo responderle.

Torcuato (Esforzando más la voz.) Querido padre...

Justo (Prontamente.) ¡Hijo mío!

Torcuato Yo estoy fatigado, y el peso de los grillos no me deja llegar a vuestras plantas... Mi hora se acerca... Dignaos de bendecir por la última vez a este hijo desgraciado.

Justo (Acercándose y tomando su mano.) ¡Hijo mío! Tus angustias se acabarán muy luego, y tú irás a descansar para siempre en el seno del Criador. Allí hallarás un Padre que sabrá recompensar tus virtudes.

Torcuato Sí, venerado padre; voy a ofrecerle mi espíritu y a interceder en su presencia por los dulces objetos de que me separa su justicia... ¡Padre mío! Vuestro corazón y el de Laura, llenos de pureza y rectitud, tendrán todo su valor ante el Omnipotente! ¡Ah, qué consuelo! ¡Esperar en el seno de la eternidad la compañía de dos almas tan puras!

Justo — Tú has cumplido, hijo mío, con todos tus deberes, y puedes creerte dichoso, pues vas a recibir el galardón. ¡Ah!, nosotros, infelices, quedamos sumidos en un abismo de aflicción y miseria, mientras tu espíritu sobre las alas de la inmortalidad va a penetrar las mansiones eternas y a esconderse en el seno del mismo Dios que le ha criado. Procura imprimir en tu alma estas dulces ideas; que ellas te harán superior a las angustias de la muerte. (A este tiempo se oye el reloj que da las once; Torcuato se estremece; Justo, horrorizado, se aparta de él, volviendo el rostro a otro lado, e inmediatamente entra el Escribano.)

Escena II

Escribano, los dichos.

Escribano — (Desde la puerta y con voz tímida.) Señor... la hora ha dado ya.

Torcuato — (Asustado.) ¡Oh, Dios...! Esta es la última de mi vida... Conque, ¿no hay remedio...? (Resignado, después de alguna pausa.) Vamos, pues, a morir.

Justo (Con extrema inquietud, paseando por el frente de la escena.) Este don Anselmo... ¡Don Anselmo...! ¡Gran Dios!, ¿así abandonáis al inocente...? (Hace seña al Escribano, que se habrá mantenido a la puerta).

Escena III

Los dichos.

El Escribano, sin salir, hace una seña desde la puerta, y a ella entran sucesivamente el alcaide, la tropa y los ministros de justicia. El alcaide despoja a Torcuato de sus prisiones; los soldados, con bayoneta calada, le rodean por todos lados, y la gente de justicia se coloca parte a la frente y parte cerrando la comitiva. El Escribano precede a todos. En este orden irán saliendo con mucha pausa, y entretanto sonará a lo lejos música militar lúgubre. Justo se mantiene inmoble en un extremo del teatro con toda la serenidad que pueda aparentar, pero sin volver el rostro hacia el interior de la escena.

Torcuato (Mientras le quitan las prisiones.) Querido padre, yo os recomiendo la inocente Laura; sustituidla en lugar de este hijo, que vais a perder.

Justo Hijo mío, ella será mi único consuelo en las angustias que me aguardan.

Torcuato (Empezando a salir.) ¡Padre! Adiós, querido padre. (Justo no le puede responder por el exceso de su dolor; se arroja en una silla, luego se reclina sobre la mesa, cubriendo su rostro con las manos, y entretanto acaba de salir todo el acompañamiento.)

Justo (Levantando las manos al cielo.) ¡Este don Anselmo...!

Torcuato (Fuera de la escena.) ¡Adiós, querido padre! (Justo, al oírle, se vuelve a cubrir el rostro, y reclinado como antes, guarda silencio por un rato.)

Escena IV

Justo, con voz interrumpida.

Justo ¡Hijo infeliz...! Yo soy quien te priva de la inocente vida... Lo que hice por salvarle ha sido tan poco... ¡Qué idea tan horrible...! Pero no hay remedio... Bien presto la fúnebre campana me avisará de su muerte... (Levantándose asustado.) Ya parece que suena en mis oídos. ¡Santo Dios! (Paseándose por la escena con suma inquietud.) No hallo sosiego en parte alguna. ¡Hijo desdichado! ¿Es posible...? ¿Conque tu inocencia, tus virtudes, los ruegos de un amigo, los tiernos suspiros de una esposa, las lágrimas de un padre y el sentimiento universal de la naturaleza, nada pudo librarte de la muerte; de una muerte tan acerba y tan ignominiosa...? ¡Buen Dios! ¿Por qué no le socorres...

(Asustado.) ¿Pero qué ruido se oye? ¿Si estará ya expirando?

Escena V

Simón, Laura, Justo.
Laura entra en la escena corriendo, desgreñada y llorosa, y su padre deteniéndola.

Simón — (Desde el fondo.) Señor, señor; no puedo detenerla. Un solo instante que nos descuidamos...

Laura — (Mirando a todas partes.) No, no; todos me engañan. ¡Crueles! ¿Por qué me quitáis a mi esposo? ¿Dónde está? ¡Qué!, ¿no parece? ¿Se le han llevado ya? ¡Verdugos! ¡Crueles verdugos de mi inocente esposo! ¿Estaréis ya contentos...? No, él no ha muerto aún, pues yo respiro. Dejadme, dejadme que vaya a acompañarle; que la sangrienta espada corte a un mismo tiempo nuestros cuellos... ¡Querido esposo! ¡Ah! Tú lucharás también con tus verdugos por venir a unirte con tu Laura. ¿Por qué no quieren que expiremos juntos?

Justo — (Procurando templar a Laura.) ¡Hija...!

Laura — (Mirándole con horror.) Yo no soy vuestra hija, ¡cruel!, yo no soy vuestra hija. Vos me habéis quitado mi esposo;

sí, vos me le habéis quitado. Y no os disculpéis con las leyes, con esas leyes bárbaras y crueles, que solo tienen fuerza contra los desvalidos.

Justo — ¡Qué alma podrá resistir a tantas aflicciones! (Se oye a lo lejos una confusa gritería, y casi al mismo tiempo el toque de la campana que se acostumbra en semejantes casos.) Pero, ¡qué oigo! ¡Qué rumor...! ¡Oh, santo Dios! Recibe su espíritu. (Se vuelve a arrojar en la silla, tomando la misma situación en que antes estuvo. Laura corre como furiosa; su padre manifiesta también mucho dolor, y la sigue sin hablar.)

Laura — ¡Qué! ¿Ya expiró? No, no puede ser... Mi esposo... ¡Oh, triste; oh, desdichado esposo...! Tu sangre corre ya derramada... ¡Ah!, voy a detenerla. (Hace un esfuerzo por salir de la escena, y cae al suelo, oprimida del dolor.)

Simón — ¡Hija mía! ¡Hija de mi vida...! ¡Ah!, que no respira. (Aquí se hace una larga pausa, y durante ella continúa el sonido de la campana.)

Justo — Este melancólico silencio llena mi alma de luto y de pavor. ¡Eterno Dios! ¡Tú has recibido ya su espíritu en la morada de los justos!

Simón — Hija mía... ¡Oh, padre desdichado!

Laura — (Volviendo en sí.) Conque, ¿ya no hay remedio? Conque, el golpe fatal... No, yo no puedo vivir. ¡Querido esposo! ¡Ah, bárbaros! ¡Ah, crueles verdugos!

Justo — Buen Dios, pues nos envías esta tribulación, conforta nuestras almas para sufrirla.

Simón — ¡Hija mía! ¡Querida Laura...!

Laura — (Levantándose con furor.) ¿Y el justo cielo no vengará la sangre del inocente? ¡Oh, Dios! Atiende a mi ruego, y haz que perezcan los verdugos que le han asesinado; que la triste sombra de mi inocente esposo llene sus corazones de susto y de zozobra; que los gritos, los atroces lamentos de su viuda infeliz, resuenen siempre en sus almas impías, que sean eterno objeto de tu terrible cólera. (Vuelve a caer en los brazos de su padre, como antes.)

Simón — ¡Hija...! El dolor la tiene sin sentido. ¡Hija mía...!

Justo — ¡Ah! ¡Su dolor es muy justo! ¡Desventurada...! Pero ¿qué nuevo rumor? ¿Qué habrá sucedido...?

Escena VI

Los dichos.

(El alcaide, el Escribano, Eugenia y algunos otros domésticos salen apresurados a la escena, diciendo todos a una voz:)

¡Albricias, albricias!

Simón — Pues ¿qué? ¿Qué hay?

Escribano — ¡Albricias! ¡El rey le ha perdonado!

Justo y Simón — ¡Oh, Dios!

Laura — (Corriendo hacia el Escribano.) ¿Pues qué? ¿Vive? ¿Vive todavía? Amigo...

Escribano — (Fatigado.) Si el señor don Anselmo tarda un instante más, todo se ha perdido; pero el cielo le trajo a tan buen tiempo... Sí, señores; vive aún, y está perdonado; este es su indulto.

(Entrega un pliego a Justo.)

Laura — ¿Y dónde está? Vamos a verle. (Simón la detiene.)

Justo — (Abriendo el pliego, besa la real firma, la pone sobre la cabeza, y se retira a leer, diciendo): Al fin, ¡buen Dios!, los clamores de un padre desdichado no han sido vanos en tu adorable presencia.

Simón (Al Escribano.) Pues vaya, hombre; cuéntenos lo que ha pasado, y sáquenos de dudas.

Escribano (Mientras lee Justo.) Yo no sé si podré, porque estoy tan alterado, tan gozoso... Ya todo estaba pronto, y el reo había subido a lo alto del cadalso; toda la ciudad se hallaba en la gran plaza de este alcázar, ansiosa de ver el triste espectáculo; el susto y la curiosidad tenían al pueblo en profundo silencio, y solo se oía el funesto pregón de la sentencia y las voces de los religiosos que auxiliaban. Entretanto conservaba Torcuato en su semblante la compostura y gravedad de su natural, y los ojos de todo el concurso estaban clavados en él, cuando el verdugo le advirtió que había llegado su hora. Entonces, sereno y mesurado, se acomoda la lúgubre vestidura, tiende su vista por toda la plaza, la fija por un rato en este alcázar, y lanzando un profundo suspiro, se dispone para la sangrienta ejecución. Todos guardaban un melancólico silencio, y ya el verdugo iba a descargar el fatal golpe, cuando una voz que clamaba a lo lejos: «¡Perdón, perdón!» detuvo el impulso de su brazo. A esta voz siguió una grande y confusa gritería del pueblo, cuyo rumor engañó al que tenía a su cargo la campana; de suerte que el fúnebre sonido de ésta y las alegres voces del indulto y del perdón resonaron a un tiempo en todos los oídos. Ya a este punto llegaba don Anselmo a caballo al sitio del suplicio. El susto, el polvo y el sudor habían desfigurado su semblante de forma que nadie le conocía. Traía en su mano la real cédula de indulto, que me entregó al instante (Justo acaba de leer, y se acerca a oír al Escribano), y dándome orden de que viniese a presentarla, se apeó, subió al cadalso, y allí queda, dando tiernos abrazos a su amigo y bañando su rostro en lágrimas de gozo.

Justo — ¡Ay, amigo!, corred; no os detengáis un punto, poned a mi hijo en libertad, y que venga al instante a nuestra vista. (El Escribano se va con precipitación.) ¡Oh, buen Dios! Mi corazón desfallece de contento. Sí, querida Laura; él es mi hijo, y tú lo eres también... Ven a mis brazos, y ayúdame a dar gracias a la Providencia por este inefable beneficio.

Laura — (Corriendo a abrazarle.) ¿Qué, señor? ¿Vos sois su padre?

Simón — ¿Su padre? ¿También tenemos ésa?

Justo — Sí, soy su padre, y sin embargo, había decretado su muerte. ¡Ah! si el cielo no le hubiese salvado, solo el sepulcro pudiera terminar mis tormentos. Sosiégate, querida hija, y tranquiliza tu espíritu agitado. En mejor tiempo te descubriré los designios de la Providencia sobre el origen de tu esposo.

Laura — (Besando la mano a Justo.) ¡Querido padre! El cielo me le vuelve por vuestra mano, y a su virtud y a la vuestra debo tan gran ventura.

Simón — Señores, cuanto pasa parece una novela; yo estoy aturdido, y apenas creo lo mismo que estoy viendo... Querida Laura, ven a los brazos de tu padre. (Laura va a abrazar a su padre; pero viendo a su esposo, corre a encontrarle al fondo de la escena, donde se abrazan estrechamente.)

Escena VII

Anselmo, Torcuato, Felipe, los dichos.

(Torcuato, desgreñado, pero sin las vestiduras de reo, con semblante risueño, aunque muy conmovido. Anselmo, lleno de polvo y en traje de posta.)

Laura — ¡Ah, querido esposo...!

Torcuato (Corriendo a abrazarla.) ¡Ah, Laura mía...!

Justo (Abrazando a Anselmo.) ¡Mi bienhechor, mi amigo! ¿Con qué podremos corresponder a tan sublime beneficio?

Anselmo En él mismo, señor, está mi recompensa. He tenido la dulce satisfacción de salvar a mi amigo.

Torcuato (A su padre, abrazándole.) ¡Querido padre!

Justo Ven a mis brazos, hijo mío; ven a mis brazos... Tú serás el apoyo de mi vejez.

Laura ¡Ah!, el gozo me tiene fuera de mí... Querido don Anselmo, yo seré eternamente esclava vuestra.

Torcuato (A Simón.) ¡Padre mío...!

Simón (Abrazándole.) Buen susto nos has dado, hijo; Dios te le perdone... Vaya, señores, dejemos los abrazos para mejor tiempo, y díganos don Anselmo cómo se ha hecho este milagro.

Anselmo Jamás sufrió mi alma tan terribles angustias. Cuando llegué a la corte estaba S. M. recogido, y mis gritos, mis clamores fueron vanos, porque nadie se atrevió a interrumpir su descanso. Yo no dormí en toda la noche ni un instante, pero tampoco dejé sosegar a nadie. El ministro, el sumiller, el mayordomo mayor, el capitán de guardias, todos sufrieron mis importunidades. En vano me decían que mi solicitud era inasequible; porque yo no los dejaba respirar. Al fin, por librarse de mí, ofrecieron pedir a S. M. una audiencia, y con esto los dejé por un rato; pero empleé el tiempo que restaba hasta la hora señalada en prevenir a los que debían extender la cédula, en caso de ser el despacho favorable, con lo cual todos estuvieron prontos y propicios. A las siete me admitió el Soberano. Le expuse con brevedad y con modestia cuanto había pasado en el desafío; le pinté con colores muy vivos el genio provocativo del marqués, el corazón blando y virtuoso de Torcuato, el candor y la virtud de su esposa, y sobre todo, la constancia y rectitud del juez, diciendo que era su mismo padre. El cielo sin duda animaba mis palabras, y disponía el corazón del monarca. ¡Ah, qué monarca tan piadoso! ¡Yo vi correr tiernas lágrimas de sus augustos ojos! Después de haberme oído con la mayor humanidad: «La suerte de ese desdichado -me dijo- conmueve mi real ánimo, y mucho más la de su buen padre. Anda, ya está perdonado; pero no pueda jamás vivir en Segovia ni entrar en mi corte». Al punto me postré a sus pies y los inundé con abundoso llanto. Salgo corriendo, acelero el despacho, tomo el caballo, vuelo en el camino, y ¡oh, Dios!, un instante más me hubiera privado del mejor amigo.

Torcuato — Querido amigo, vuelve otra vez a mis brazos; tú has sido mi libertador. ¡Cuántos y cuán dulces vínculos unirán desde hoy nuestras almas!

Justo — Hijos míos, empecemos a corresponder a los beneficios del rey obedeciéndole. Vamos a tratar de vuestro destino, y demos gracias a la inefable Providencia, que nunca abandona a los virtuosos ni se olvida de los inocentes oprimidos.

«¡Dichoso yo, si he logrado inspirar aquel dulce horror con que responden las almas sensibles al que defiende los derechos de la humanidad!»

Libros a la carta

A la carta es un servicio especializado para
empresas,
librerías,
bibliotecas,
editoriales
y centros de enseñanza;

y permite confeccionar libros que, por su formato y concepción, sirven a los propósitos más específicos de estas instituciones.

Las empresas nos encargan ediciones personalizadas para marketing editorial o para regalos institucionales. Y los interesados solicitan, a título personal, ediciones antiguas, o no disponibles en el mercado; y las acompañan con notas y comentarios críticos.

Las ediciones tienen como apoyo un libro de estilo con todo tipo de referencias sobre los criterios de tratamiento tipográfico aplicados a nuestros libros que puede ser consultado en Linkgua-ediciones.com.

Linkgua edita por encargo diferentes versiones de una misma obra con distintos tratamientos ortotipográficos (actualizaciones de carácter divulgativo de un clásico, o versiones estrictamente fieles a la edición original de referencia).

Este servicio de ediciones a la carta le permitirá, si usted se dedica a la enseñanza, tener una forma de hacer pública su interpretación de un texto y, sobre una versión digitalizada «base», usted podrá introducir interpretaciones del texto fuente. Es un tópico que los profesores denuncien en clase los desmanes de una edición, o vayan comentando errores de interpretación de un texto y esta es una solución útil a esa necesidad del mundo académico.

Asimismo publicamos de manera sistemática, en un mismo catálogo, tesis doctorales y actas de congresos académicos, que son distribuidas a través de nuestra Web.

El servicio de «libros a la carta» funciona de dos formas.

1. Tenemos un fondo de libros digitalizados que usted puede personalizar en tiradas de al menos cinco ejemplares. Estas personalizaciones pueden ser de todo tipo: añadir notas de clase para uso de un grupo de estudiantes, introducir logos corporativos para uso con fines de marketing empresarial, etc. etc.

2. Buscamos libros descatalogados de otras editoriales y los reeditamos en tiradas cortas a petición de un cliente.

www.ingramcontent.com/pod-product-compliance
Lightning Source LLC
LaVergne TN
LVHW101917190826
846094LV00002B/46

* 9 7 8 8 4 1 1 2 6 0 2 6 8 *